www.ingramcontent.com/pod-product-compliance
Lightning Source LLC
Chambersburg PA
CBHW070807220526
45466CB00002B/579
* 9 7 8 1 6 9 0 9 3 1 1 4 0 *